THIS ACTIVITY BOOK BELONGS TO:

_____

_____

CONTENT LIST:
(4 PART)

1. COLORING PAGE
2. TRACING PAGE
3. MAZE PAGE
4. COPY IMAGE PAGE
5. COMPLETE IMAGE PAGE
6. DELIGHTFUL SKETCH PAGE
7. WORD SEARCH PUZZLE PAGE
8. SUDOKU PUZZLE PAGE
9. QUESTION PAGE
10. QUESTION (PART 2) PAGE

The Beginner's Guide To Learning How to Pray Salah

VISIT HERE:
https://www.mymasjid.ca/

TRACE HERE

DRAW A LINE TO FIND THE MOSQUE

COPY THIS IMAGES

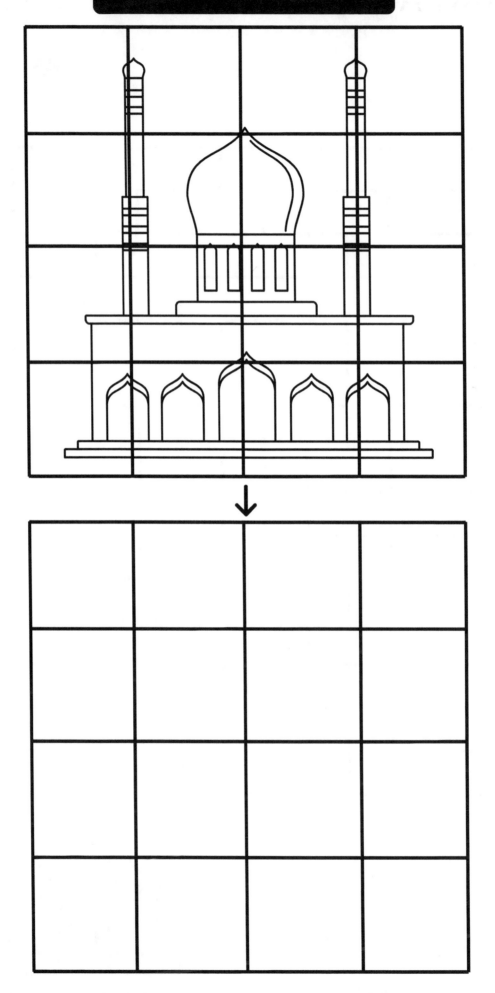

Complete the picture

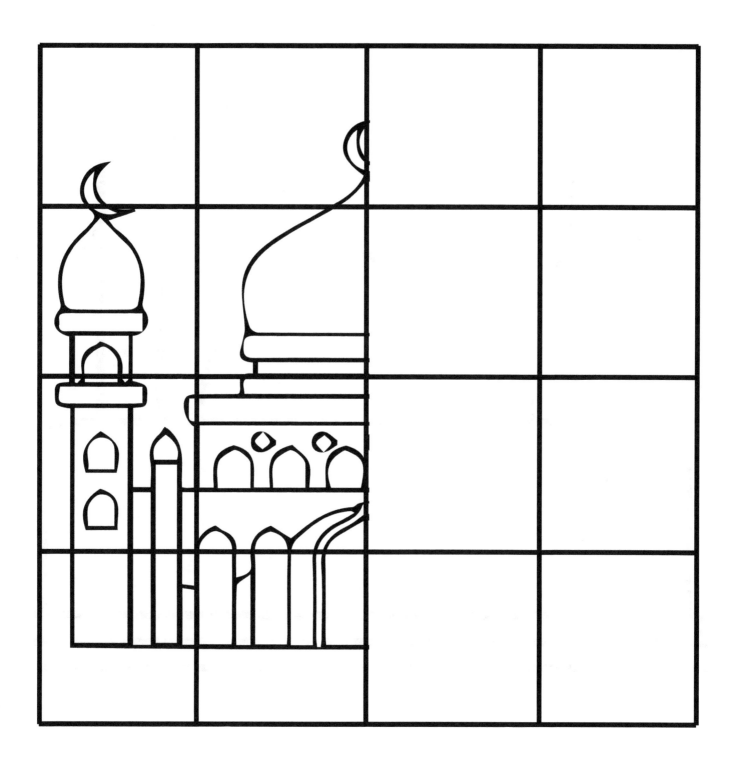

Delightful Sketch
(Complete the drawing any way you would like)

WORD SEARCH PUZZLE #1

R	K	N	Y	X	J	D	L	D	N	R	X
P	B	F	R	E	Y	A	R	P	A	R	P
Q	H	A	A	E	M	F	M	C	D	B	B
Y	B	R	Y	J	T	B	Y	S	A	T	J
J	M	A	M	L	R	H	J	U	M	E	V
J	M	B	B	D	M	F	T	N	A	D	E
U	A	I	C	I	H	O	T	N	R	T	B
T	W	O	L	P	R	U	S	A	B	K	Q
V	C	S	W	F	Z	H	H	H	H	X	F
Y	U	Q	T	U	D	V	G	R	A	Q	D
M	H	H	M	A	X	G	M	A	U	X	F
S	T	G	C	F	T	Z	J	I	M	Z	Q

Word List

Arabi   Dhuhr   Fajr   Maghrib   Muslim   Ramadan

prayer   sunnah

SUDOKU PUZZLE #1

	7	6	5	2		8	4	3
8	1	5	9				2	7
3	2	4	7	8	6	9		5
5				7	2	1		4
2	9		1	4	5	3	8	6
4	3	1	8	6	9	7		2
1	8	2	6		3		7	
7	5		4		8			1
		9		1		5	3	8

How do Muslims practice their faith?

IF YOU CAN WRITE ARABIC THEN WRITE OUR PROPHET NAME

TRACE HERE

DRAW A LINE TO FIND THE MOSQUE

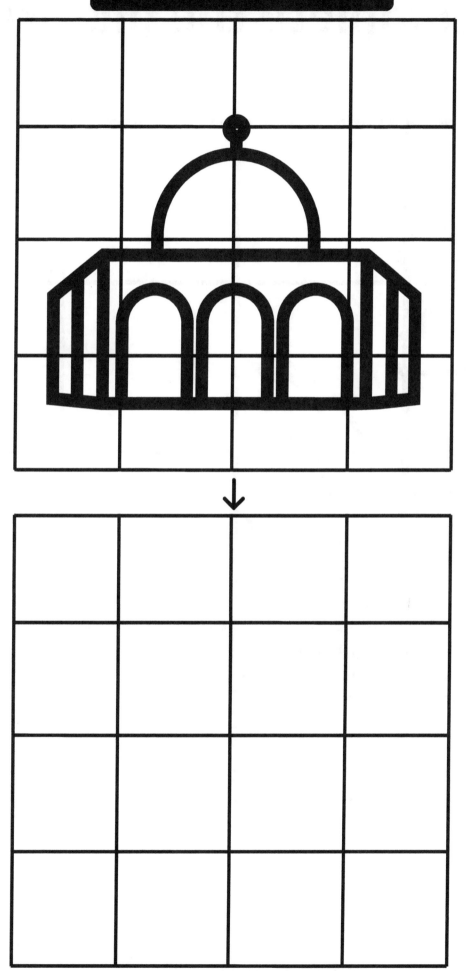

Complete the picture

Delightful Sketch
(Complete the drawing any way you would like)

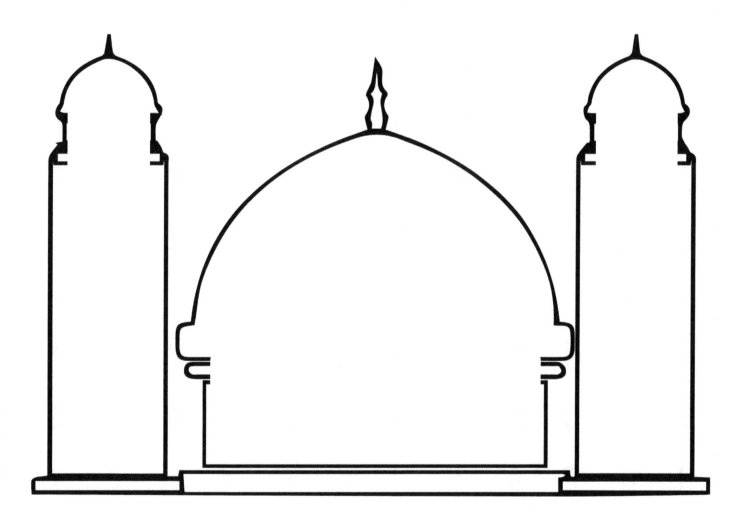

WORD SEARCH PUZZLE #2

E	J	X	M	A	G	H	F	I	R	A	T
G	Z	T	O	T	Y	N	U	U	U	I	T
X	O	M	F	Y	A	T	A	M	H	A	R
H	O	Q	E	A	I	S	O	A	I	D	V
F	C	C	H	R	Q	E	M	L	Z	G	Y
U	E	D	S	S	C	Z	T	L	Q	T	Y
U	A	S	C	E	F	Y	A	A	C	F	L
E	H	N	T	O	Z	U	A	H	T	O	K
I	W	C	Z	I	P	U	J	L	T	Q	Y
D	I	Q	C	N	V	Q	I	H	S	K	Z
B	Q	U	R	A	N	A	N	L	G	C	Q
Q	B	F	A	T	N	F	L	Y	S	X	Y

Word List

Adhaan   Allah   Maghfirat   Nijaat   Quran
Rahmat   festival   mercy

SUDOKU PUZZLE #2

		3	7		6		9	5
5	6			1	8		3	4
8	4	7		5			1	
3	8				1	2	4	9
	1	2	6	9		5		8
7	9		8		4	3	6	1
9		8	1		5	4		7
2	5		4	3	7	9		
6	7	4	9		2			

What is the Ka'bah?

IF YOU CAN WRITE ARABIC THEN WRITE KALIMA TOYYAB

TRACE HERE

DRAW A LINE TO FIND THE POOR PEOPLE

COPY THIS IMAGES

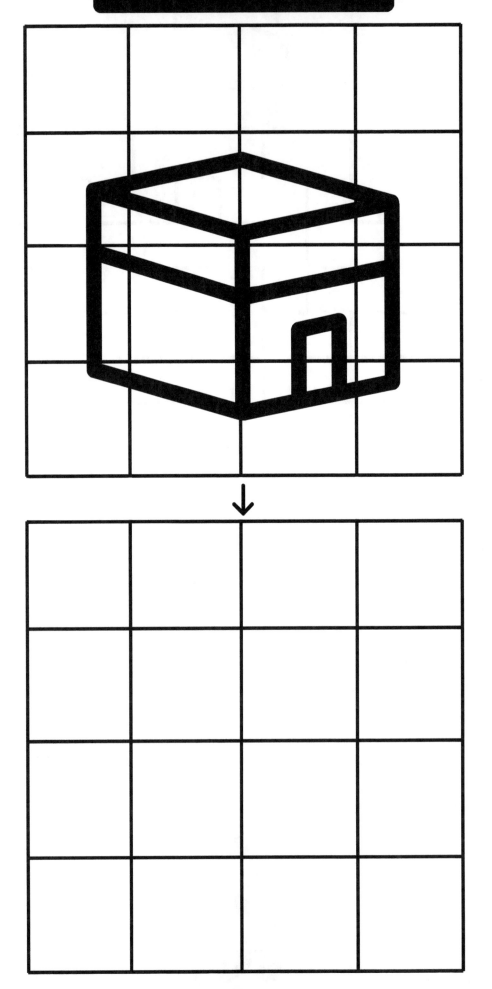

Complete the picture

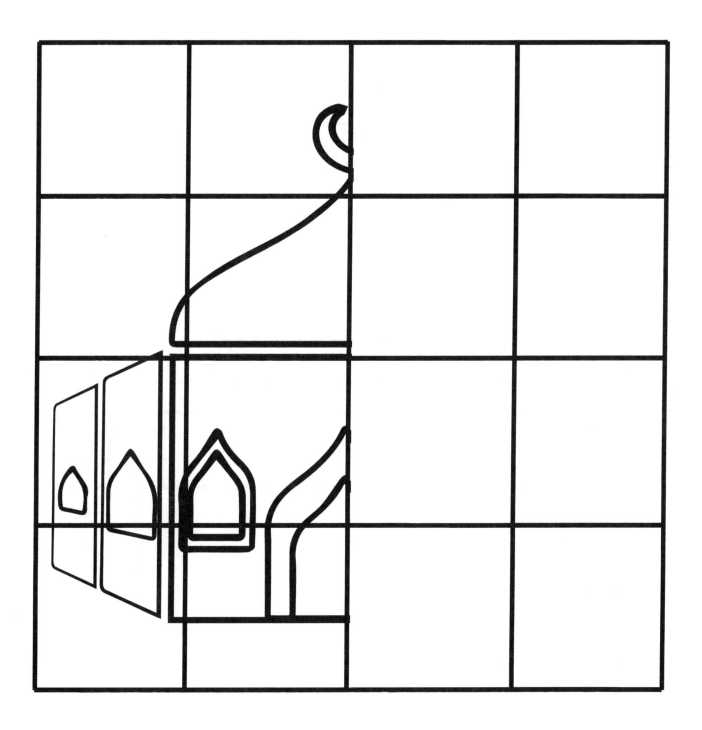

Delightful Sketch
(Complete the drawing any way you would like)

WORD SEARCH PUZZLE #3

D	I	E	U	Q	S	O	M	H	H	T	V
S	T	B	U	D	J	G	X	I	N	L	Z
J	E	T	I	P	P	S	Z	A	T	T	Y
Q	K	X	Z	A	G	P	Q	R	W	M	H
W	A	M	R	B	W	G	Q	I	Z	P	T
L	F	D	X	U	U	N	A	A	R	R	E
G	O	L	O	H	F	O	D	X	T	B	E
N	I	Z	W	M	O	V	A	Y	L	J	D
N	N	S	R	T	V	I	R	L	P	F	A
F	F	B	I	K	A	R	E	E	M	P	H
N	R	D	G	N	A	Z	M	A	R	Q	I
L	X	P	Y	I	S	B	O	D	U	Y	M

Word List

Hadeeth   Itekaf   Kareem   Mosque   Pardon   Qadar

Ramzan   Sins

SUDOKU PUZZLE #3

	2	1	4		9			
				1	6	2	5	4
	6			7			8	
	7			9			2	8
5	8		7	3	2		9	1
9			6				7	
	9			6	8	7		
		4			1		3	5
2			3			9	1	6

Are men and women equal in Islam?

IF YOU CAN WRITE ARABIC THEN WRITE KALIMA SHAHADAT

TRACE HERE

DRAW A LINE TO FIND THE POOR PEOPLE

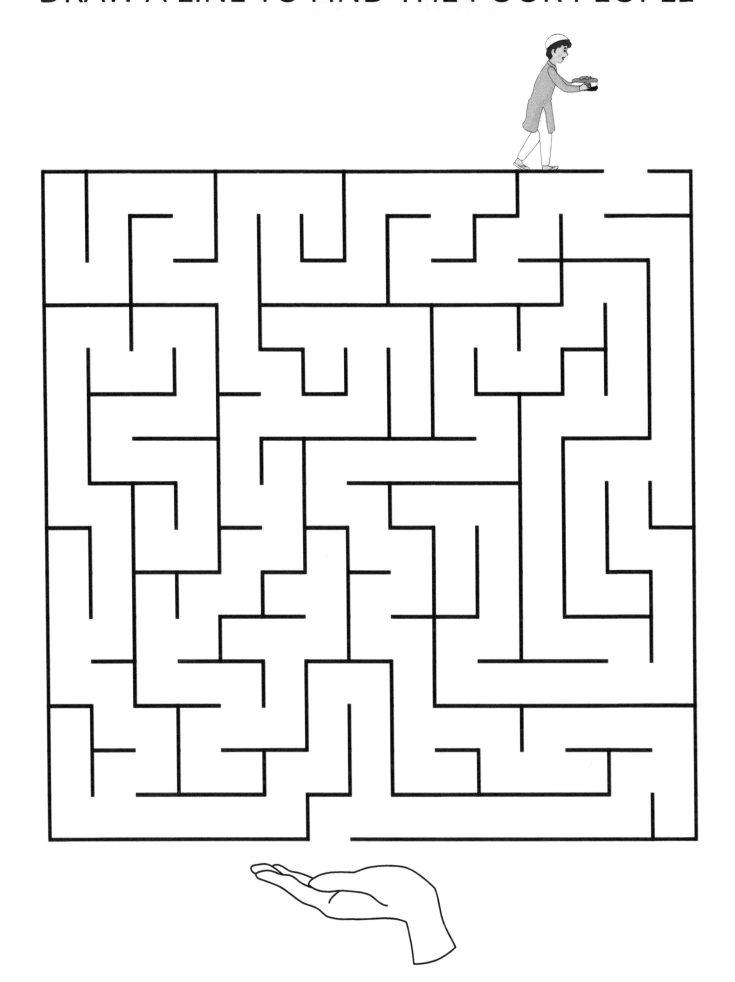

COPY THIS IMAGES

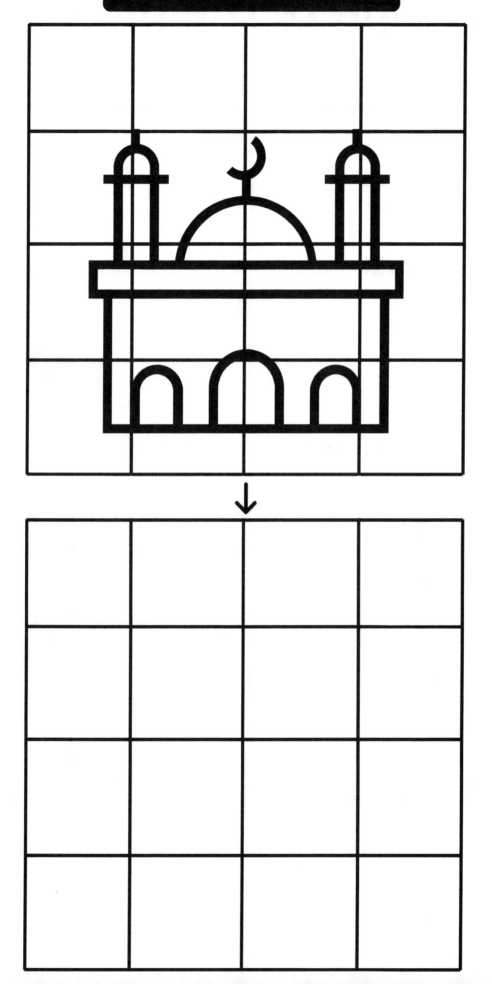

Complete the picture

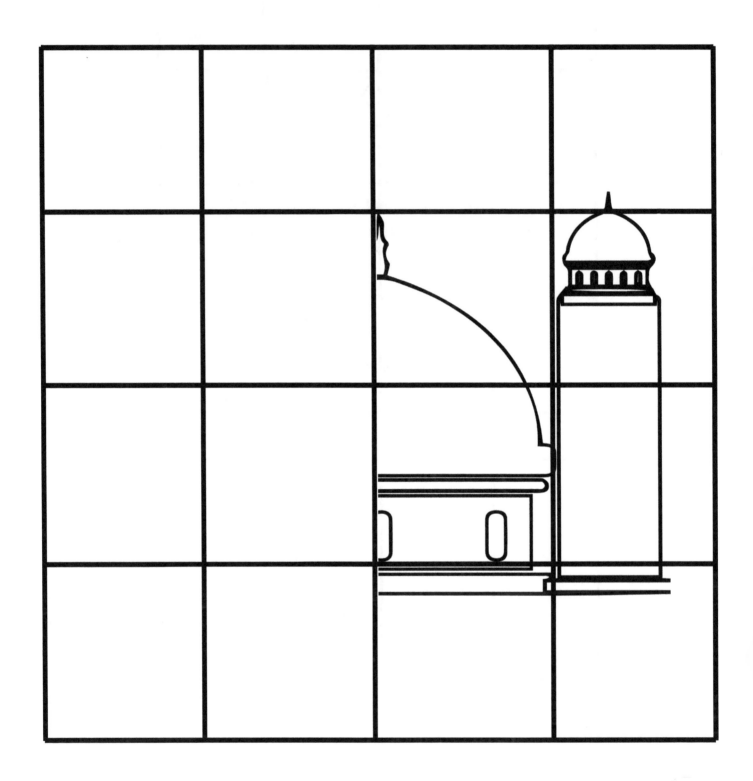

Delightful Sketch
(Complete the drawing any way you would like)

WORD SEARCH PUZZLE #4

X	G	V	I	C	F	U	M	P	V	T	P
G	Q	F	R	Z	W	U	Y	Z	T	R	E
A	O	S	F	J	H	O	A	N	K	O	H
A	F	O	W	T	S	K	S	Q	C	A	T
Q	K	A	Q	V	A	H	R	N	K	U	D
N	Q	P	Q	T	F	I	A	K	W	A	S
P	S	A	W	A	B	V	A	B	G	I	C
Q	O	Y	S	N	U	M	S	N	A	Y	E
O	T	R	D	A	W	N	F	A	U	N	O
J	N	I	N	T	H	Y	Q	M	L	D	W
J	D	J	I	E	S	A	W	M	F	A	D
R	M	V	C	E	T	B	X	Q	L	G	H

Word List

Dawn   Shaban   Zakat   makkah   ninth   salah

sawab   sawm

SUDOKU PUZZLE #4

6	9				4			
5	4	2	8			7		
				5	2			
		4		5			6	7
3				8	2	5	9	
7						3	8	2
9		6		3	5	2		8
1		5						
			1	7		9		

What is Sharia?

IF YOU CAN WRITE ARABIC THEN WRITE 5 ALLAH'S NAME

ANSWER KEY

MAZE

Maze 1

Maze 2

Maze 3

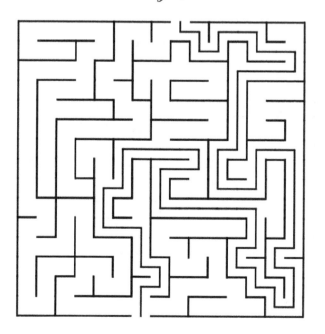

Maze 4

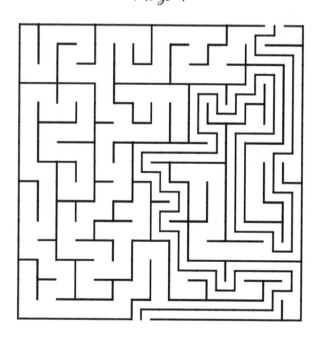

WORD SEARCH PUZZLE

Word Search Puzzle #1

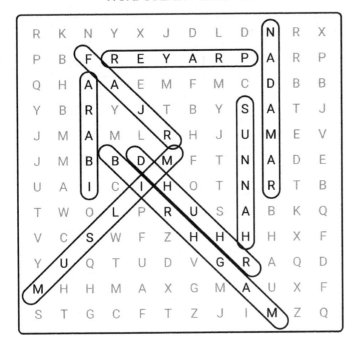

Word Search Puzzle #2

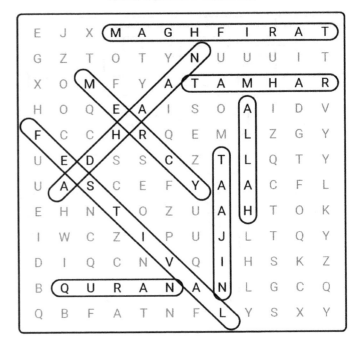

Word Search Puzzle #3

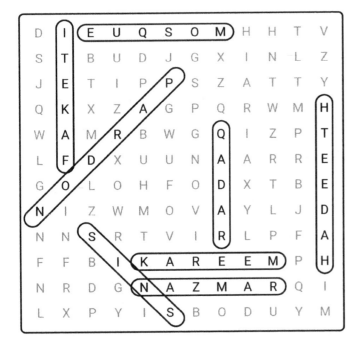

Word Search Puzzle #4

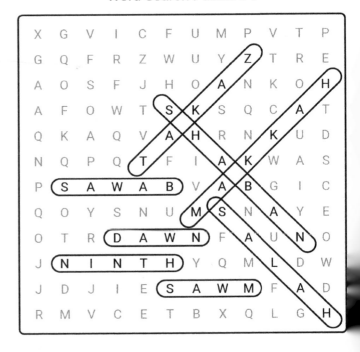

SUDOKU PUZZLE

Sudoku Puzzle 1

9	7	6	5	2	1	8	4	3
8	1	5	9	3	4	6	2	7
3	2	4	7	8	6	9	1	5
5	6	8	3	7	2	1	9	4
2	9	7	1	4	5	3	8	6
4	3	1	8	6	9	7	5	2
1	8	2	6	5	3	4	7	9
7	5	3	4	9	8	2	6	1
6	4	9	2	1	7	5	3	8

Sudoku Puzzle 2

1	2	3	7	4	6	8	9	5
5	6	9	2	1	8	7	3	4
8	4	7	3	5	9	6	1	2
3	8	6	5	7	1	2	4	9
4	1	2	6	9	3	5	7	8
7	9	5	8	2	4	3	6	1
9	3	8	1	6	5	4	2	7
2	5	1	4	3	7	9	8	6
6	7	4	9	8	2	1	5	3

Sudoku Puzzle 3

8	2	1	4	5	9	3	6	7
7	3	9	8	1	6	2	5	4
4	6	5	2	7	3	1	8	9
3	4	7	1	9	5	6	2	8
5	8	6	7	3	2	4	9	1
9	1	2	6	8	4	5	7	3
1	9	3	5	6	8	7	4	2
6	7	4	9	2	1	8	3	5
2	5	8	3	4	7	9	1	6

Sudoku Puzzle 4

6	9	7	3	1	4	8	2	5
5	4	2	8	6	9	7	3	1
8	1	3	5	2	7	6	4	9
2	8	4	9	5	3	1	6	7
3	6	1	7	8	2	5	9	4
7	5	9	6	4	1	3	8	2
9	7	6	4	3	5	2	1	8
1	3	5	2	9	8	4	7	6
4	2	8	1	7	6	9	5	3

THE END